AF483012

L'ONCLE

MODÈLE,

VAUDEVILLE EN UN ACTE,

Par M. Ader,

Représenté à Paris pour la première fois sur le théâtre de la Porte-Saint-Martin, le 24 février 1839.

PRIX : SIX SOUS.

PARIS,

MORAIN, libraire–éditeur, au Cabinet Littéraire,

RUE DU FAUBOURG SAINT–MARTIN, N° 43,

AU COIN DU PASSAGE DE L'INDUSTRIE.

1839.

PUBLICATIONS DE **MORAIN**, LIBRAIRE-ÉDITEUR,

RUE DU FAUBOURG-SAINT-MARTIN, 43.

L'ONCLE MODÈLE,

VAUDEVILLE EN UN ACTE,

Par M. Ader,

Représenté à Paris pour la première fois sur le théâtre de la Porte Saint-Martin.

LE 24 FÉVRIER 1839.

La scène est à Paris au faubourg Saint-Germain. — Le théâtre représente deux chambres séparées par une cloison. — Dans celle de Maigret, un grand tableau sur un chevalet, des tabourets, des peintures, une porte latérale. — Dans la chambre de Touchard, une table ronde, une alcôve. — La cloison est percée pour donner passage au tuyau d'un poêle, une corde sort par le trou. — Une porte au fond dans chaque chambre.

SCÈNE PREMIÈRE.

MAIGRET, ZOÉ.

ZOÉ. Vous sortez, mon père ?..

MAIGRET. Oui, oui, il faut absolument que j'aille chercher cette perruque !..

ZOÉ. Et votre déjeûner chez le voisin, vous n'avez pas oublié l'invitation ?..

MAIGRET. Oh ! il m'attendra ! c'est l'affaire d'un moment ; mon tableau avant tout. D'ailleurs, je vais l'avertir... (*Frappant sur la cloison.*) Voisin ! voisin !..

ZOÉ. Il est déjà sorti...

MAIGRET. Tant mieux, ça me donnera du temps... Je cours chercher la perruque et je reviens... Il me tarde de voir le voisin avec cette coiffure de serpents...Ce sera une furie superbe... Quel excellent modèle !... je crois déjà le contempler.

Air : *Aux braves hussards.*

Grâces à lui, mon beau tableau d'Oreste
Va me conduire à la postérité !
   Il pose sans faire un seul geste...
   Étonnante immobilité !   (bis.)
   Sa patience est infinie :
   Je l'admire, non sans raison ;
   Ce cher voisin est en furie
   Docile et doux comme un mouton !

Je reviens, je déjeûne, et je le croque !
Mais ne perdons pas un instant. (*On frappe.*)
Qui diable vient me demander ?.. Je n'y suis pas... Débarrasse-moi bien vite de ces importuns. (*Il entre dans sa chambre.*)

SCÈNE II.

ZOÉ, MAD. TOUCHARD, MAIGRET, *caché*.

MAD. TOUCHARD. M. Maigret?..

ZOÉ. Mon père est absent...

MAD. TOUCHARD. Permettez-moi de l'attendre... (*Maigret passe sa tête et fait signe à sa fille de la congédier.*) Je viens de la place Royale, c'est un peu loin du carrefour de l'Odéon, et je ne voudrais pas m'en retourner sans lui avoir fait connaître le sujet de ma visite... Je veux me faire peindre. (*Nouveaux signes négatifs de Maigret.*)

ZOÉ. Mon père ne pourra pas... Il est en ce moment tout occupé de son grand tableau pour l'exposition!.. (*Signe affirmatif de Maigret.*)

MAD. TOUCHARD. Oh! j'espère bien qu'il ne me refusera pas... quand il saura que je suis la tante de son élève...

ZOÉ. Quoi! vous seriez la tante d'Arthur?..

MAD. TOUCHARD. Oui, Mademoiselle...

ZOÉ, *avec empressement.* Donnez-vous donc la peine de vous asseoir. (*Signes de dépit de Maigret.*)

MAD. TOUCHARD. Mais je croyais trouver mon neveu ici...

ZOÉ. Il ne peut pas tarder, voilà son ouvrage qui l'attend.

MAD. TOUCHARD. Comment, c'est lui qui fait cela?...

ZOÉ. Oui, madame; il aide mon père!

MAD. TOUCHARD. C'est vraiment bien. Il a donc des dispositions, mon neveu?...

ZOÉ. Comment, madame; de grandes dispositions! Un jeune homme charmant.

MAIGRET. C'est cela! on lui fait honneur de mon tableau... Voilà qui confirme mes soupçons...

ZOÉ. Je suis sûre qu'il ira loin!

MAD. TOUCHARD. Eh bien! je ne cesse de le dire à mon mari, qui n'a jamais voulu rien faire pour lui; qui même ne s'informe pas de ce qu'il est devenu... Et cependant nous n'avons pas d'enfants!.. Mais je lui ferai entendre raison.

ZOÉ. M. Arthur mérite bien vos bontés.

MAD. TOUCHARD. Mon mari est un peu original, j'en conviens. Il faudra pourtant qu'il se rende... je lui ménage une surprise à laquelle il ne sera pas insensible : C'est pour lui que je veux faire faire mon portrait... Figurez-vous que voilà quinze jours que nous sommes séparés et jamais il n'a fait une si longue absence. Des affaires de famille l'ont appelé en Normandie. A son retour je veux lui prouver que je n'ai cessé de m'occuper de lui.

Air : Courant d'la brune à la blonde.

On vante de votre père,
Le dessin ferme, élégant :
Et voilà de quoi, j'espère,
Exercer son beau talent.
J'ai bon air, bonne prestance ;
Le sourire gracieux.
Je réclame avec instance,
Que de mes jolis yeux
    Le vaporeux
    Langoureux
    Soit saisi ;
Et que ma bouche aussi,
Petite, Dieu merci!...
Exprime à mon mari
    Le désir,
    Le plaisir ;
Enfin que mon portrait,
    Trait pour trait,
    Soit parfait,
    Soit frappant,
    Soit parlant.

MAIGRET, à part.

Oui, pour la ressemblance...

ZOÉ. Je suis sûre que mon père quand il connaîtra ce motif, ne vous refusera pas...

MAIGRET, *lui faisant des signes d'impatience.* J'enrage... au lieu de la renvoyer.

MAD. TOUCHARD. Il me semble que M. Maigret tarde un peu... Croyez-vous qu'il soit encore longtemps?.. (*Signes affirmatifs de Maigret.*) Mais, j'y pense! j'ai une visite à faire dans le quartier... Si je profitais de l'intervalle?..

MAIGRET, *à part.* Enfin!..

SCÈNE III.

Les Mêmes, TOUCHARD, *dans l'autre chambre avec des provisions.*

TOUCHARD. Ouf! je n'en puis plus! (*Posant ses provisions.*) J'ai toujours peur de rencontrer quelque connaissance! et ma femme qui me croit en Normandie!...

Air : *Je regarderai ma facture.* (Vous n'aurez pas ma fille.)

MAD. TOUCHARD.

Je sors et reviens tout de suite.
La lenteur n'est pas mon défaut.
Le temps de faire une visite,
Veuillez donc m'attendre au plus tôt.
Ah! mon pauvre cœur, je vous jure,
Bat d'impatience et d'espoir!
Je voudrais me voir en peinture!

MAIGRET, *à part.*

Et moi! ne pas du tout te voir...

ENSEMBLE.

MAD. TOUCHARD.

Je sors et reviens, etc...

ZOÉ, *à part.*

Du regard mon père m'invite
A la renvoyer au plus tôt...
De cette dame la visite
N'est pas du tout ce qu'il lui faut.

MAIGRET, *à part.*

Mais, va-t-en donc, et je t'invite
A ne pas revenir bientôt;
Car ton importune visite
N'est pas du tout ce qu'il me faut.

SCÈNE IV.

Les Mêmes, *hors* MAD. TOUCHARD.

MAIGRET. Enfin la voilà partie!..

ZOÉ. Mais, mon père, c'est la tante d'Arthur...

MAIGRET. Je l'ai bien entendu! son portrait! son portrait! Et mon tableau donc? Et ma perruque qu'il faut que j'aille chercher! Et le voisin qui doit m'attendre! Et Arthur qui n'arrive pas!...

ZOÉ. Oh! pour lui, je suis sûre qu'il viendra bientôt,...

MAIGRET. Ah! vous êtes sûre! Vous prenez toujours bien vivement sa défense. (*S'approchant du tableau.*) Mon tableau n'en va pas plus vite. (*Il l'examine.*)

TOUCHARD. Maintenant le voisin peut venir quand il voudra..... Un déjeûner de princes pour des artistes! Que l'amour est ingénieux! Voir Mlle Maigret, l'adorer, affaire d'un moment! Louer cette chambre à côté de chez elle, affaire d'un autre moment!... Ce n'est rien... Je conçois le projet de m'introduire!...Le papa est peintre... bon! Je me présente comme modèle! ma tournure lui plaît!... Moi, pour mieux le séduire, je l'invite à déjeûner. C'est de la diplomatie, cela! (*Il dispose la table.*)

MAIGRET. Faites-moi donc le plaisir de me dire ce que fait M. Arthur, quand je n'y suis pas?....

ZOÉ. Il travaille pourtant sans relâche.

MAIGRET. Hier, il avait commencé un doigt du pied d'Oreste, il n'en est encore qu'à la première phalange!...

ZOÉ. Aussi voyez quel fini!

MAIGRET. Je lui défends d'y mettre du fini! c'est l'affaire du maître et non de l'élève.

ZOÉ. Mais s'il a du génie!

MAIGRET. Du génie, M. Arthur! Profane! J'ose à peine dire que j'ai du génie, moi!...

TOUCHARD *se regardant dans une glace.* Avec ce physique, on peut poser devant le père et devant la fille! Oh! elle ne me voit pas avec répugnance...... J'ai eu soin de la rencontrer plusieurs fois, par hasard, sur l'escalier! Je la fais rire, et quand les jeunes personnes rient.... Mais je vais la voir de plus près....

MAIGRET. Ça ne va pas! Nous y veillerons!

TOUCHARD. A présent, un peu de toilette; il ne faut négliger aucun moyen!... (*Il s'enfonce dans l'alcove, Arthur entre*).

MAIGRET. Il me tarde de voir le voisin avec la coiffure nécessaire.....

TOUCHARD. Avec peu de chose de plus, je vais avoir dix ans de moins.

MAIGRET.

Air : *Du premier prix.*

Grâce à cette énorme perruque,
D'effroi chacun sera saisi,
Quand elle couvrira sa nuque.

TOUCHARD.

Bientôt je serai rajeuni;
En me voyant chacun va dire :
Mon Dieu, comme il est sémillant !

MAIGRET.

Je veux que l'amateur l'admire,
Et dise, ah! qu'il est effrayant !

TOUCHARD.

Je veux qu'on me trouve charmant.

MAIGRET.

Je veux qu'on le trouve effrayant.

SCÈNE V.

MAIGRET, ZOÉ, ARTHUR, TOUCHARD.

MAIGRET. Ah! vous voilà! M. Arthur.

ARTHUR. Bonjour monsieur Maigret ; bonjour mademoiselle Zoé.

MAIGRET. Nous parlions de vous, précisément.

ARTHUR. De moi ?...

ZOÉ. Oui, monsieur.

ARTHUR. C'est très flatteur ; mais à propos de quoi ?...

ZOÉ. A propos du pied d'Oreste.

MAIGRET. Oui, et je suis très mécontent.

Air : *Un homme pour faire un tableau.*

Monsieur, vous ne travaillez pas !
Depuis huit jours, le pied d'Oreste
N'a pas encore fait un pas.
J'y mettrai bon ordre, du reste !

ARTHUR,

Pour rien vous faites trop de bruit !
Ce travail me rend presque bête !
Il me talonne jour et nuit ;
J'ai toujours ce pied dans la tête !...

MAIGRET. C'est bon, c'est bon ! j'espère que ce sera terminé aujourd'hui.

ARTHUR. Il y a des détails très compliqués, et puis ça ne presse pas beaucoup puisque vous n'avez pas encore commencé les furies.

MAIGRET. Les furies, elles sont faites.

ARTHUR. Bah ! je n'en vois encore que la place.

MAIGRET, *montrant son front*. Elles sont faites là !... je n'ai plus qu'à les traduire sur la toile... Il me manquait un modèle, je l'ai trouvé.

ARTHUR. Ah ! tant mieux.

MAIGRET. Je sais ce qui vous empêche de travailler ; c'est ma fille qui vous donne des distractions.

ARTHUR. Eh ! bien ; oui, j'en conviens. Mais il est un moyen bien simple qu'elle ne m'en donne plus ; c'est de me l'accorder pour femme. N'est-ce pas, mademoiselle Zoé ?

ZOÉ. Dam, si mon papa voulait.

ARTHUR. Vous voyez, ça ne dépend que de vous.

MAIGRET. Oui, jolie acquisition, ma foi ! Un jeune homme gueux comme un ...

ARTHUR. Comme un artiste, c'est vrai ; mais je ne le serai pas toujours : j'ai un oncle qui est riche ; un oncle qui est propriétaire au Marais, rien que ça.

MAIGRET. Oui ; eh bien ! quand vous serez comme votre oncle, propriétaire au Marais, nous parlerons de cela. En attendant je vous défends de faire la cour à ma fille ; et si je vous y prends, je vous chasse de mon atelier. Voilà mon dernier mot.

ARTHUR. Il est gentil votre dernier mot.

MAIGRET. Mais je perds là un temps précieux. Vous m'avez entendu ?

ARTHUR. Très bien.

MAIGRET. Qu'à mon retour je trouve de la besogne faite ! (*Il sort*).

ZOÉ. Eh ! bien ! vous l'avez entendu, mon père vous défend...

ARTHUR. Oui, mais vous me permettez, vous ?

MAIGRET. (*Passant sa tête à la porte de Touchard*). Voisin ! voisin ! ne vous impatientez pas, je suis à vous dans un moment.

TOUCHARD. Ne soyez pas long-temps, voisin ; je n'ai plus que le couvert à mettre.

MAIGRET, Dix minutes, et je reviens. (*Il sort*).

SCÈNE VI.

TOUCHARD, *chez lui* ; ARTHUR, ZOÉ de *l'autre côté.*

ARTHUR. Qu'est-ce que c'est donc que ce voisin ?

ZOÉ. C'est le modèle ; vous ne savez pas ? il me fait la cour.

ARTHUR. Par exemple !

ZOÉ, *riant*. N'allez-vous pas être jaloux ? Une tête de furie !..

ARTHUR. Tout porte ombrage quand on aime ; et moi, je vous aime tant !

TOUCHARD. Le voisin est sorti, si je profitais de son absence pour faire une visite à la charmante Zoé. Non, point d'imprudence, le père n'aurait qu'à rentrer, tout serait perdu. (*Il arrange le couvert.*)

ARTHUR. Dites-moi donc, mademoiselle Zoé, est-ce que vous ne sentez pas une odeur de côtelettes ?

ZOÉ. C'est le voisin qui donne à déjeuner à mon père.

ARTHUR. Ah ! que ne sens-je ainsi le fumet de notre repas de noces !...

TOUCHARD. Si j'avais osé inviter la fille. Un bon repas avance bien les affaires. C'est une idée....

ARTHUR. Avec moi, vous seriez si heureuse!

ZOÉ. Dites-vous vrai?

ARTHUR.

Air : *Obéissez; pardon futur beau-père.*

Toujours amant!

TOUCHARD.

Que n'est-elle à ma table!

ARTHUR.

Je ne vivrais que pour vous!

TOUCHARD.

Je voudrais...

ARTHUR.

J'en fais serment!

TOUCHARD.

Pour la rendre traitable
Avoir recours aux plus excellents mets.

ARTHUR.

Oui, les amours seraient mes seuls modèles!

TOUCHARD.

Cailles, faisans, abonderaient ici.

ZOÉ.

Mon cher Arthur, les amours ont des ailes!

TOUCHARD.

Et les dindons aussi...

ARTHUR, *lui prenant la main.* Ma chère Zoé, quel bonheur de s'aimer ainsi!

ZOÉ. Soyez donc raisonnable, monsieur.

ARTHUR. Elle est si jolie cette main. (*Il la baise avec transport.*)

TOUCHARD. Un propriétaire du Marais en bonne fortune au quartier latin... C'est moral.... ah bah!

ZOÉ.

Air : *Du siége de Corinthe.*

Allons, monsieur, soyez plus sage,
Travaillez à votre tableau;
Mon père à son retour. je gage,
Va gronder encor de nouveau.

ARTHUR.

Au diable Oreste, au diable ses furies!
Votre amour seul a pour moi des appas!...

TOUCHARD.

Je puis ici faire quelques folies...
Ma femme au moins ne s'en doutera pas...

ENSEMBLE.

ZOÉ.

Allons, monsieur, etc...

ARTHUR.

Je dois vraiment être sage,
Travailler à ce tableau?
Quand mon cœur à vous rendre hommage
Trouve un plaisir toujours nouveau.

TOUCHARD.

Toujours rester dans son ménage,
Ma foi, c'est un triste tableau;
L'amour seul, oui, l'amour volage
Offre un plaisir toujours nouveau.

TOUCHARD. Et dire que cette simple cloison nous sépare. Mais si je ne puis voir ma jolie voisine, rien ne m'empêche de lui parler. (*Frappant à la cloison.*) Mademoiselle Zoé! mademoiselle Zoé!

ZOÉ. C'est le voisin.

ARTHUR. Quelle voix!

TOUCHARD. Mon adorable voisine, est-ce que vous n'y êtes pas?

ARTHUR. Oh! ce n'est pas possible.

ZOÉ. Est-ce que vous le connaissez?

TOUCHARD. C'est moi, c'est votre voisin.

ARTHUR. Mon oncle!

ZOÉ. Votre oncle?

TOUCHARD. Repondez-moi de grâce, vous savez bien que je vous adore.

ARTHUR. Plus de doute, c'est lui, mon oncle se donner pour modèle! Oh! séducteur.

TOUCHARD. Ma charmante voisine, dites-moi que vous n'êtes pas insensible à mes soins. Vous ne me répondez pas? (*Transporté*). Je comprends ce silence. (*A part*) Elle est à moi. (*Avisant le tuyau du poêle.*) Ah! quelle idée. (*Il monte sur une chaise, Zoé et Arthur font des efforts pour ne pas rire*).

Air : *Ah! si mon mari me voyait.*

(*à part.*) Ah! si ma femme me voyait!
Je suis vraiment trop téméraire!
Mais l'amour avec le mystère
A toujours un certain attrait
Qui séduit et rend indiscret.
(*Haut.*) Voisine, douce, aimable et si jolie!
Que votre cœur ne reste pas muet.

ARTHUR, *bas à Zoé.*

Répondez-lui, je vous en prie!
(*A part.*) Ah! si ma tante le voyait!

ZOÉ.

Ah! si mon père le voyait!

TOUCHARD.

Ah! si ma femme me voyait!

Même air.

ARTHUR, *à part.*

Ah! si ma tante le voyait!
(*A Zoé.*) Parlez...

ZOÉ, *assez haut*

Que faut-il que je dise?

TOUCHARD, *qui l'a entendue.*

(*A part.*) Très-bien. (*Haut.*) Dites avec franchise
Que ma tendresse enfin vous plaît ;
Vous rendrez mon bonheur complet !

ARTHUR, *bas à Zoé.*

Dites : Je vous aime !

ZOÉ, *se tournant vers Arthur.*

Vous aime...
(*Vers Touchard.*) D'amitié...

TOUCHARD.

Dieu, c'est un aveu parfait,
Qui prouve une candeur extrême.
(*A part.*) Ah ! si ma femme me voyait !

ARTHUR.

Ah ! si ma tante le voyait !

ZOÉ.

Ah ! si mon père le voyait !

TOUCHARD *passant son bras dans le tuyau du poêle.* Adorable voisine, puisque je ne vous suis pas odieux, vous ne me refuserez pas votre jolie main. Regardez en haut ; par ici ! par ici !

ZOÉ. Ah !

ARTHUR. L'heureuse idée..... ayez l'air de céder, il est pris.

ZOÉ. Mais monsieur, je n'ose..... si on nous voyait.... je crains....

TOUCHARD *d part.* La pauvre petite, qui ne craint que d'être vue... (*Haut.*) Je vous en supplie. (*Pendant ce temps, Arthur passe le bras de Touchard dans le nœud coulant d'une corde qui sort du trou.*) Quelle étreinte passionnée... Là, là, pas si fort ! (*Zoé éclatant de rire se sauve dans sa chambre.*)

ARTHUR. Voyons un peu la figure que fait mon oncle.

TOUCHARD. Mademoiselle Zoé ! mademoiselle Zoé ! Elle ne répond pas. (*Cherchant à se dégager.*) Mais c'est une corde !

SCÈNE VII.

TOUCHARD, ARTHUR *chez Touchard.*

ARTHUR *jouant la surprise.* Que vois-je ? mon oncle !

TOUCHARD (*d part*). Mon neveu ! maudit contre-temps. (*Haut.*) Que viens-tu donc faire ici ?

ARTHUR. Moi ? je viens... mais vous-même, mon oncle, quel hasard me fait vous y rencontrer ?

TOUCHARD *embarrassé.* Moi, c'est bien

différent... j'y suis pour une affaire... Oui, j'ai loué cette chambre...C'est une surprise que je veux faire à ta tante... (*A part.*) Je ne sais que lui dire.

ARTHUR. Comment, c'est à vous cette jolie petite chambre ?... Et ce déjeûner tout servi, c'est à vous aussi ?

TOUCHARD. Sans doute.

ARTHUR. Comme c'est heureux ! moi qui n'ai encore rien pris d'aujourd'hui. (*Il se met à table.*) Vous permettez, mon oncle, n'est-ce pas ?

TOUCHARD. Comment tu veux....

ARTHUR. Oh ! ne vous dérangez pas.... faites vos affaires.

TOUCHARD *d part.* Le drôle ! mais ce n'est pas le moment de le sermoner. (*Haut.*) Mon cher ami, fais-moi le plaisir de passer dans la chambre à côté et de dégager mon bras.

ARTHUR. Comment, vous êtes donc pris ?

TOUCHARD. Oui, je me suis accroché en nétoyant le tuyau du poêle.

ARTHUR *à part.* Il me fait un conte en l'air. (*Haut.*) J'y vais..... mais avant tout, je désire vous parler d'une affaire.

TOUCHARD. Allons d'abord au plus pressé. mon cher ami, ma position est des plus perplexes.

ARTHUR, *continuant de manger.* Je vous dirai mon oncle que je suis élève de M. Maigret le peintre qui demeure à côté.

TOUCHARD. Veux-tu bien ne pas manger mes côtelettes.

ARTHUR *avalant.* Ne faites-pas attention... Or, ce M. Maigret a une fille.

TOUCHARD. Qu'est-ce que ça me fait !

ARTHUR *buvant.* Une fille charmante !

TOUCHARD. Coquin, tu bois mon vin.

ARTHUR. Il est très-bon.... Vous saurez en outre que je suis amoureux fou de mademoiselle Zoé.

TOUCHARD. Ah !

ARTHUR. J'ai demandé sa main à son père.... le cruel me la refuse.

TOUCHARD. Il fait très-bien.

ARTHUR. Vous croyez... (*buvant.*) A votre santé, mon oncle !

TOUCHARD, *d part.* Et dire que je ne puis pas bouger !

ARTHUR. Mais il me la donnera si vous consentez à m'établir.

TOUCHARD. Moi, t'établir ! ah ! bien oui...

ARTHUR. Connaissant votre bon cœur, j'ai promis.

TOUCHARD. Ah! tu as promis... tu peux te dépromettre.

ARTHUR. Manquer de parole!.. Oh! mon oncle!..

TOUCHARD, *à part.* Je souffre le martyre.

ARTHUR. J'en suis incapable.

TOUCHARD. Je te dis que tu as compté sans ton hôte.

ARTHUR. Je suis sûr de vous.

TOUCHARD. Je ne ferai rien.

ARTHUR. Si fait!.. car vous êtes raisonnable et vous ne voudrez pas me forcer de dire à M. Maigret que vous cherchez à séduire sa fille.

TOUCHARD. Monsieur! (*A part.*) Il sait tout.

ARTHUR. Que pour arriver à vos fins vous avez loué cette chambre, vous vous êtes présenté comme modèle...

TOUCHARD. Traître!

ARTHUR. Vous ne voudrez pas que je lui conte vos déclarations brûlantes à travers la cloison; vos téméraires tentatives par un lieu destiné seulement au passage de la fumée, votre bras en guise de tuyau de poêle, etc., etc.

TOUCHARD. Coquin, tu abuses de ma position.

ARTHUR. M. Maigret est terriblement chatouilleux sur le chapitre de l'honneur... il apprendra que vous êtes marié, et vous êtes un homme mort... A votre santé, mon oncle...

TOUCHARD. Comment, tu aurais le courage de l'informer?..

ARTHUR. Oh! non pas moi...

TOUCHARD, *à part.* Je respire.

ARTHUR. Mais j'écrirai à ma tante.

TOUCHARD. Ciel!

ARTHUR. Qui viendra avec cet empressement que vous lui connaissez...

TOUCHARD. Mon cher ami!..

ARTHUR. Vous savez si elle est douce ma tante.

TOUCHARD. Mon cher Arthur!

ARTHUR. Un agneau!.. vous serez bien heureux d'en être quitte pour vos deux yeux.

TOUCHARD. Je t'en supplie.

ARTHUR. D'où je conclus directement que vous m'établirez.

TOUCHARD. Eh bien oui... si elle t'aime.

ARTHUR. Si elle m'aime!.. pouvez-vous le demander.

Air : *De Julie.*

Croyez-le bien, de cette amie
J'ai reçu les serments déjà;
Et ce n'est qu'avec notre vie
Que ce tendre amour finira :
Mon cher oncle, tout au plus vite
Consolidez ces doux liens.

TOUCHARD.

Mais d'abord détache les miens,
Nous pourrons mieux causer ensuite;
Mon neveu, détache les miens,
En bas nous causerons ensuite.

ARTHUR. J'étais sûr que vous consentiriez.

TOUCHARD. Je promets tout. (*A part.*) Ça ne coûte rien. (*Haut.*) Mais détache, je n'en puis plus.

ARTHUR. Je vais lâcher le nœud coulant. (*Au moment où il va sortir on frappe à la porte.*)

TOUCHARD. Monsieur Maigret je suis perdu.

ARTHUR, *vivement.* Rassurez-vous... Une idée... Laissez-moi faire. (*Il ôte brusquement la chaise sur laquelle Touchard est monté, il tire ensuite de sa poche un calpin et un crayon.*)

TOUCHARD. Es - tu fou ? me voilà pendu ! je suis encore plus gêné.

ARTHUR. Soyez tranquille et appuyez ce que je vais dire.

TOUCHARD. C'est moi qui voudrais pouvoir m'appuyer. (*Arthur ouvre la porte, et fait mine de dessiner Touchard.*)

SCÈNE VIII.

LES MÊMES, MAIGRET.

MAIGRET. Pardon, voisin, si je vous ai fait attendre. Arthur ici. (*Voyant Touchard.*) Mais dans quelle diable de position êtes-vous donc là ?

ARTHUR. Vous me voyez chez mon oncle.

MAIGRET. Votre oncle ? Lui, modèle !

ARTHUR. Par amour pour les arts.

TOUCHARD. C'est une passion de famille. (*Maigret pose avec soin sur une chaise la perruque couverte d'un foulard.*)

ARTHUR. C'est drôle de voir mon oncle pendu. Je vais vous expliquer cela, encore l'amour des arts... Tantôt en venant vous chercher pour se mettre à table il n'a trouvé que moi ; j'ai causé avec lui du tableau que je veux présenter à la prochaine exposition, *Mercure prenant son vol vers les cieux.* Je lui ai fait part de mon embarras pour saisir au vrai le caractère de cette pose aërienne. Mon oncle s'est offert de me servir de modèle, et afin de me donner une juste idée de mouvement d'ascension, il m'a permis de l'attacher un moment en l'air...

TOUCHARD. Pas trop mal trouvé.

MAIGRET. La position est gênante.

Air : *De l'Opéra-Comique.*

Vous devez être las, voisin.

TOUCHARD.

Mais non, pas trop ; sur ma parole,
Je poserais jusqu'à demain,
Voisin, s'il plaisait à ce drôle.

MAIGRET.

Ce dévouement, à tous égards,
Me charme non sans me surprendre.

TOUCHARD.

Vous voyez qu'on est pour les arts
Homme à se faire pendre.

MAIGRET. Quel dévouement ! Ah ! monsieur, permettez qu'au nom des beaux arts je vous embrasse. Vous vous placez bien haut dans mon estime.

TOUCHARD. C'est trop d'honneur, attendez que je sois descendu.

MAIGRET. C'est que c'est bien cela... La jambe droite un peu élevée. (*Il lui arrange la jambe.*)

TOUCHARD. Prenez garde, vous allez me faire tomber. Ah ! voilà un petit point d'appui, je suis sauvé.

MAIGRET. Admirable ! Allons Arthur votre crayon.

TOUCHARD. Remettons la séance à un autre moment ; je me sens un peu fatigué. Arthur, mon neveu, arrêtez la séance.

ARTHUR. Je suis à vous, mon oncle. (*Il passe de l'autre côté.*)

TOUCHARD. D'ailleurs le déjeûner.

MAIGRET. Le déjeûner, si ça vous est égal nous le remettrons pour un peu plus tard. Je me sens en verve, et pendant que je vous trouve en si bonne disposition...

TOUCHARD. Comment.

MAIGRET. Voila un trait, monsieur, qui restera dans les annales de la peinture !

SCÈNE IX.

TOUCHARD, MAIGRET, *d'un côté* ARTHUR ET ZOÉ *de l'autre côté.*

ARTHUR, *appelant.* Zoé ? ma chère Zoé !

ZOÉ. Me voilà.

ARTHUR, *tout en desserrant le nœud.* Bonne nouvelle ! mon oncle consent à m'établir.

ZOÉ. Quel bonheur !

MAIGRET. C'est l'écueil de l'art, ne pas tomber ! Ah ! (*Touchard lui tombe sur le pied*).

TOUCHARD. Pardon, c'est facile à dire, ne pas tomber.

MAIGRET, *le coiffant au moment où il se relève.* Voilà la précieuse perruque. A mon tour, je suis d'une impatience...

TOUCHARD. Deux mots de grâce ! Méfiez-vous de mon neveu.

MAIGRET. Passons chez moi, il me tarde de saisir votre tête.

TOUCHARD. Encore poser ? Le drôle en conte à votre fille.

MAIGRET. Oh ! j'ai l'œil sur eux. Mais venez donc. (*Il l'entraîne*).

ARTHUR, *à Zoé.* Comme nous allons être heureux !

ZOÉ. Mon cher Arthur ! (*Les quatre sont chez Maigret.*)

MAIGRET, *à Touchard.* Ne perdons pas de temps. (*Lui montrant un tabouret.*) Mettez-vous là.

TOUCHARD, *s'asseyant.* Volontiers, j'en ai besoin.

MAIGRET. Non, debout.

TOUCHARD. La dessus ?

MAIGRET. Sans doute. (*A Zoé*). Donne-moi le manteau.

ZOÉ. Voici. (*Elle passe à Arthur une espèce de rideau rouge.*)

ARTHUR, *jetant le manteau sur les épaules de son oncle.* Vous voilà drapé.

TOUCHARD, *à part.* Ils appellent cela un manteau... que ces artistes sont orgueilleux !

MAIGRET, *armé de sa palette et de son pinceau.* Bravo ! c'est tout-à-fait cela !

TOUCHARD, *à part.* Je dois faire une jolie figure. Allez donc plaire sous ce costume.

MAIGRET. Je veux réussir sans bassesse, sans intrigue, sans courbette. Courbez-vous un peu, mon cher. Le modèle est l'es-

...lave du maître. La liberté c'est la vie de l'artiste.

Air : *Vaudeville de l'apothicaire.*

Jamais l'artiste n'a bronché ;
Il est fier de lever la tête.
(*Au modèle.*) Ah ! le corps un peu plus peuché...
Pourtant plus d'un jaloux m'arrête ;
Les envieux de plus en plus
Me font sauter. (*Au modèle.*) Restez en place.
Toujours l'envie aux doigts crochus...
(*Au modèle.*) Allongez votre main, de grâce !

Je vois d'ici enrager mes confrères , des grimauds sans talent. sans génie. (*Touchard se tourne vers les jeunes gens.*) Mais si vous me tournez le dos comment voulez-vous que je vous prenne?

TOUCHARD. Je croyais qu'Arthur m'avait parlé.

ARTHUR. Moi?

MAIGRET. Ah ! c'est lui qui vous donne des distractions; je vais le renvoyer dans votre chambre...

Air :

Sortez, vous troublez mon modèle.

ZOÉ.

Si je gêne, je vais aussi...

MAIGRET.

Non , non , restez, mademoiselle ,
Et vous, monsieur, sortez d'ici !

ARTHUR.

Pourquoi donc me montrer la porte ?

MAIGRET.

Mon cher , c'est crainte d'accidents.

ARTHUR.

Dehors me mettre de la sorte?

MAIGRET.

Pour ne pas me mettre dedans !

ENSEMBLE.

MAIGRET.

Ne troublez donc pas mon modèle.
Respectez mon Oreste aussi ;
Restez, restez, mademoiselle ;
Et vous, monsieur, sortez d'ici.

ARTHUR.

Je respecte votre modèle
Et votre tableau, Dieu merci ;
Allons, partons, mademoiselle...
Avec Zoé je sors d'ici.

ZOÉ.

Je respecte votre modèle,
Et je vais m'en aller aussi ;
Mon père, comptez sur mon zèle,
Avec Arthur je sors d'ici.

MAIGRET , *se remettant à son travail.* Quelle tête ! sublime tête ! (*Touchard envoie en souriant des baisers à Zoé et reprend*

son sérieux chaque fois que Maigret le regarde. *Arthur, de la porte du fond envoie aussi des baisers à Zoé.*) Je suis heureux d'avoir rencontré un pareil modèle...L'air renfrogné, c'est cela... Savez-vous qu'on chercherait longtemps avant de trouver une furie plus délicieuse que vous...Allons, vous riez à présent.

TOUCHARD. Une idée qui m'a passé par la tête. (*Il s'aperçoit que Zoé fait des signes et se tourne vers le fond.*)

MAIGRET. Vous pouvez vous vanter d'avoir le plus joli profil... (*Il voit le derrière de Touchard.*) Monsieur ! monsieur ! (*Il le frappe au bas du dos.*)

TOUCHARD , *étourdi.* Hein !... mais regardez donc, c'est ce maudit Arthur qui vient encore ici.

MAIGRET. Je vais l'enfermer... un bon tour de clé, et j'espère qu'il nous laissera tranquille. (*Il sort pour l'enfermer de l'autre côté.*)

TOUCHARD , *s'élançant de son piedestal.* Me voilà seul, saisissons l'occasion aux cheveux. (*Se jetant aux pieds de Zoé*). Charmante Zoé, si l'amour le plus ardent...

MAIGRET , *du dehors.* Entrez madame, je suis à vous. (*Madame Touchard paraît tout à coup.*)

SCÈNE X.

Les Mêmes , MAD. TOUCHARD.

MAD. TOUCHARD. Ah !

TOUCHARD. Ma femme ! (*Il s'enfuit dans sa chambre.*)

MAD. TOUCHARD. Quelle horreur ! je suis toute bouleversée.

Air : *De Wallace.*

MAD. TOUCHARD.

Quelle est cette furie ?
Ah ! je frémis d'effroi ; .
Grand Dieu ! je vous en prie,
Vite, secourez-moi.

(*Elle tombe dans un fauteuil.*)

TOUCHARD.

Ma femme, ma furie !
Qui l'amène, et pourquoi ?
Elle se croit trahie.
Ah ! c'en est fait de moi.

ZOÉ.

Quelle étrange furie
Pour causer tant d'effroi !

Elle est évanouie
J'en rirais plutôt, moi !

ZOÉ, *courant à elle.* Venez donc, mon père, elle se trouve mal.

MAIGRET, *lui frappe dans la main.* Ce n'est rien, ce n'est rien. (*Pendant ce temps Arthur frappe aussi dans la main de Touchard presque évanoui.*)

TOUCHARD. Mon cher Arthur... c'est ma femme... je suis perdu !... (*Il ôte sa perruque et son manteau.*)

ARTHUR, *à part.* Je le tiens. (*Haut.*) Soyez tranquille, mon oncle, je vais tout arranger.

TOUCHARD. Comment...

ARTHUR Laissez-moi donc faire. (*Il passe de l'autre côté.*)

TOUCHARD. Heureusement elle ne m'a pas reconnu.

MAIGRET, *à Mme Touchard.* Eh bien ! vous trouvez-vous mieux ?

ZOÉ. Oui, oui, la voilà qui revient...

MAD. TOUCHARD. Mille pardons de l'embarras... Mais cette tête affreuse ! moi qui ai horreur des serpens...

MAIGRET, *à part.* J'étais sûr que ça ferait de l'effet.

Mme TOUCHARD. Arthur !... à la bonne heure, tu n'as pas de serpents, toi.

ARTHUR. Ma chère tante je vous apporte une nouvelle qui achevera de vous remettre.

Mme TOUCHARD. J'en ai grand besoin.

ARTHUR. Oh ! vous serez contente, mon oncle est de retour.

Mme TOUCHARD. Mon mari !

ARTHUR. Je lui ai écrit en Normandie, pour lui faire part de mon amour pour mademoiselle..., de mes projets de mariage ; il est vite revenu, et il consent à m'établir.

TOUCHARD, *qui écoute à la cloison.* Qu'est-ce qu'il dit donc ?

Mme TOUCHARD. Je suis enchantée ; mais où est-il ? Que je le voie, qu'il me presse dans ses bras !

ARTHUR. Il est ici !

TOUCHARD. Ah ! le traître.

Mme TOUCHARD. Je veux le voir.

ARTHUR. Je cours le chercher. (*Il sort.*)

Mme TOUCHARD. Vous me voyez d'une joie.

ZOÉ. Et moi donc.

ARTHUR, *de l'autre côté.* Vite, vite mon oncle. (*Il l'entraîne*).

TOUCHARD. Indiscret, voilà un tou...

Mme TOUCHARD, *se jetant dans les bras son mari.* Mon cher ami !

TOUCHARD. Ma poule.

Air : *Vaudeville de haine aux hommes.*

Subitement je te revois ;
Cela m'étouffe, me transporte !
(*A Arthur.*) Drôle, que le diable t'emporte.
(*Haut à sa femme.*) C'est trop de bonheur à la fois.
Je crains une trop grande ivresse.
Mon trésor, mes seules amours,
Pour suffire à tant d'allégresse
Il m'aurait fallu quinze jours !
Que n'attendais-tu quinze jours !

MAIGRET. Est-il vrai, monsieur, que vous consentez au mariage d'Arthur avec ma fille ?

ARTHUR. Certainement puisqu'il a fait le voyage exprès.

TOUCHARD. Oui, monsieur, et pour mieux étudier le caractère de ma future nièce, j'ai consenti à jouer le rôle de modèle, je suis très satisfait de tout ce que j'ai vu.

ZOÉ, *l'embrassant.* Ah ! mon oncle...

TOUCHARD. Ma petite nièce... (*A part*) Il faut avaler la pilule.

Mme TOUCHARD. Aujourd'hui chez le notaire, et demain...

MAIGRET. Doucement, je mets une condition à mon consentement. C'est que vous continuerez de poser pour mon tableau.

TOUCHARD, *lui fermant la bouche.* C'est entendu.

MAIGRET. C'est qu'il ne s'agit pas de perdre la tête.

ARTHUR. Vous êtes le modèle des oncles.

Mme TOUCHARD. Des époux...

MAIGRET, *montrant son tableau.* Des....

TOUCHARD, *l'interrompant.* Oh ! trève de compliments.. ma modestie les refuse.

Air : *Les anguilles et les jeunes filles.*

Je ne m'accorde qu'un mérite,
Celui d'époux tendre et soigneux ;
De ma femme je vous invite
A ménager le tic nerveux.
Un rien, un bruit léger qui passe,
Suffit pour lui troubler les sens.
Ne sifflez pas ; songez, de grâce,
Que Madame a peur des serpens.

Imprimerie de POLLET, SOU... ...LLO...
passage Lemoine. — (VASSAL.)